Fjodor M. Dostojewski

Das Glück liegt in der Heiterkeit

Gedanken der Achtsamkeit

*H*at er ein gutes Lachen,
ist er ein guter Mensch.

Fjodor M. Dostojewski

Das Glück liegt in der Heiterkeit

Gedanken der Achtsamkeit

benno

Bibliografische Information der Deutschen Nationalbibliothek
Die Deutsche Nationalbibliothek verzeichnet diese Publikation in der Deutschen
Nationalbibliografie; detaillierte bibliografische Daten sind im Internet über
http://dnb.d-nb.de abrufbar.

Bildnachweis

Cover, S. 2, 22/23, 60/61: © stock.adobe.com/helgafo, S. 5: © stock.adobe.com/
Olga, S. 7: © stock.adobe.com/lukasdedi, S. 8/9, 13, 18/19, 21: © stock.adobe.
com/Katy's Dreams, S. 10/11: © stock.adobe.com/Barvart, S. 14/15: © stock.
adobe.com/Cincinart, S. 17: © stock.adobe.com/Yana, S. 24/25: © stock.adobe.
com/Julia Dreams, S. 26/27: © stock.adobe.com/budogosh, S. 29: © stock.adobe.
com/fuzzylogickate, S. 30/31: © stock.adobe.com/Мария Тарасова, S. 33: ©
stock.adobe.com/Tatiana, S. 34/35: © stock.adobe.com/ketrinkin1, S. 36/37: ©
stock.adobe.com/pairhandmade, S. 38/39: © stock.adobe.com/Kamil, S. 40/41: ©
stock.adobe.com/Kateryna, S. 42/43: © stock.adobe.com/El_Art, S. 45: © stock.
adobe.com/Татьяна Гончарук, S. 46/47: © stock.adobe.com/Daria Pneva, S.
49: © stock.adobe.com/lisima, S. 50/51: © stock.adobe.com/Keiko Takamatsu, S.
52/53: © stock.adobe.com/Cheeba Ribba designs, S. 55: © stock.adobe.com/Regi-
na Jersova, S. 56/57: © stock.adobe.com/Painterstock, S. 59: © stock.adobe.com/
AQ-taro Images, S. 63: © stock.adobe.com/NATALIIA TOSUN

Besuchen Sie uns im Internet:
www.st-benno.de

Gern informieren wir Sie unverbindlich und aktuell auch in unserem Newsletter
zum Verlagsprogramm, zu Neuerscheinungen und Aktionen.
Einfach anmelden unter www.st-benno.de.

ISBN 978-3-7460-5927-7

© St. Benno Verlag GmbH, Leipzig
Zusammenstellung: Volker Bauch, Gößnitz
Umschlaggestaltung: Ulrike Vetter, Leipzig
Gesamtherstellung: Kontext, Dresden (A)

Inhaltsverzeichnis

1. Kapitel

**Meine Freunde,
bittet Gott
um Fröhlichkeit,**

seid fröhlich wie die Kinder, wie
die Vögel des Himmels. Die
Sünde der Menschen soll euch
nicht bekümmern, fürchtet euch
nicht, dass sie euch an der Voll-
endung hindern könnte.

Die Fröhlichkeit des Menschen
ist der Zug, der mehr als alles andere
den Menschen verrät.

$\mathcal{A}$llmählich verwandelt
das Mysterium des Lebens allen Kummer
gewesener Tage in ruhige Heiterkeit.

*W*arum wird heutzutage, wenn man eine Wahrheit aussprechen will, es immer häufiger als Notwendigkeit empfunden, das auf humoristische, satirische oder ironische Weise zu tun, somit die Wahrheit zu versüßen, als wäre sie eine bittere Pille.

Zum Glück sind die Men-
schen geschaffen, und wer
vollkommen glücklich ist,
der ist gewürdigt, sich selbst
sagen zu dürfen: Ich habe
das Gebot Gottes auf dieser
Erde erfüllt.

*E*s ist doch erstaunlich,
was ein einziger Sonnenstrahl
mit der Seele des Menschen
machen kann.

*W*ozu die Tage zählen!
Dem Menschen genügt ja ein einziger Tag,
um das ganze Glück zu erfahren.

Der Mensch ist unglücklich,
weil er nicht weiß, dass er glücklich ist.

*D*as Geheimnis des menschlichen Lebens liegt nicht im bloßen Leben, sondern im Sinn des Lebens.

Ich glaube, dass das Glück nur in der heiteren Auffassung des Lebens und in der Vortrefflichkeit des Herzens und nicht in den äußeren Umständen liegt.

Das Glück liegt nicht nur in den Ekstasen der Liebe, sondern auch in einer sehr tiefen geistigen Harmonie.

*E*s ist sündhaft, in Apathie zu verfallen. Verstärkte Arbeit – con amore – das ist das wirkliche Glück.

*W*ie doch Freude und Glück
einen Menschen schön machen!

2. Kapitel

**Liebt die ganze
Schöpfung –**

liebt die Tiere, liebt die
Pflanzen, jedes Blatt und
jeden Sonnenstrahl!
Wenn ihr das tut,
werden sich euch
die Geheimnisse des
Göttlichen offenbaren.

$\mathcal{V}$ieles auf der Erde ist uns verborgen, aber das geheimnisvolle Bewusstsein der lebendigen Bande mit einer anderen Welt ist uns verliehen, denn unsere Gedanken und Gefühle auf Erden wurzeln auf anderen Welten. Darum behaupten auch die Philosophen, dass man das Wesen der Dinge auf Erden nicht erkennen

könne. Gott nahm die Samen, die er auf unserer Erde säte, aus anderen Welten, und es erwuchs ihm sein Garten; alles ist aufgegangen, was aufgehen konnte, und alles, was wahrhaft lebendig ist, ist nur im Bewusstsein der Berührung mit anderen geheimnisvollen Welten lebendig.

Schönheit wird die Welt erretten.

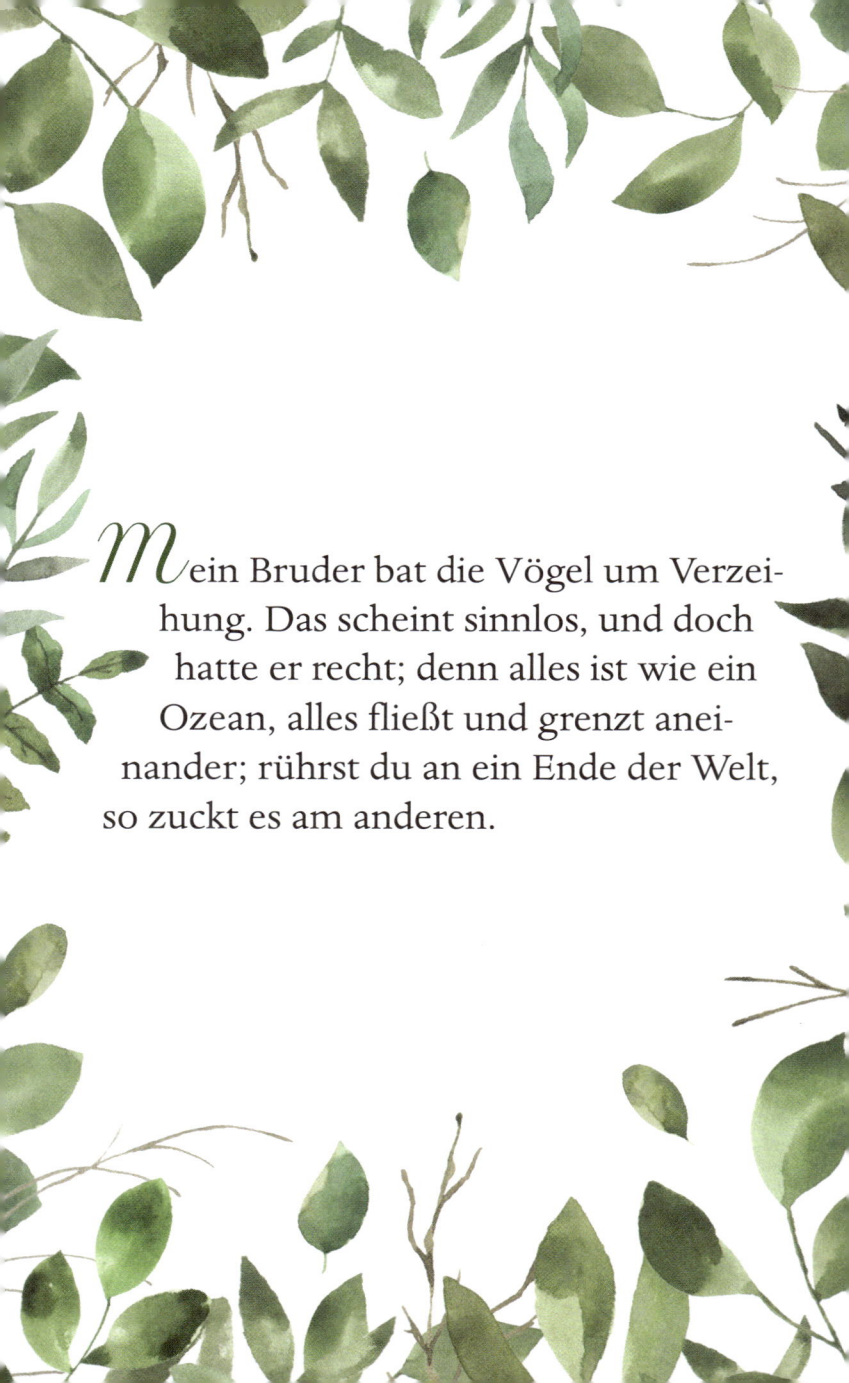

Mein Bruder bat die Vögel um Verzeihung. Das scheint sinnlos, und doch hatte er recht; denn alles ist wie ein Ozean, alles fließt und grenzt aneinander; rührst du an ein Ende der Welt, so zuckt es am anderen.

*D*as lebendige Leben muss etwas unglaublich Einfaches sein. Und deshalb gehen wir an ihm vorüber, ohne es zu erkennen.

$\mathcal{D}$ie Erde ist ein Paradies, zu dem wir aber den Schlüssel verloren haben.

*D*er Spiegel der Natur ist der klarste Spiegel! Ihn muss man schauen, an ihm sich erfreuen.

$\mathcal{N}$ur die Ruhe ist die Quelle
jeder großen Kraft.

$\mathcal{D}$ie Welt soll durch Zärtlichkeit
gerettet werden.

*J*eder ist für alles vor allen
verantwortlich.

$\mathcal{N}$iemals lässt sich aus Büchern lernen, was man nicht mit eigenen Augen sieht.

3. Kapitel

Die gute Zeit
fällt nicht
vom Himmel,

sondern wir schaffen
sie selbst;
sie liegt in
unseren Herzen
eingeschlossen.

Nicht der Verstand ist die Hauptsache,
sondern das, was ihn lenkt –
die Natur, das Herz, die edlen
Instinkte, die Entwicklung.

*I*rrtümer sind die Stationen
auf dem Weg zur Wahrheit.

*E*in Christ, das heißt: ein wirklicher, hochgesinnter, idealer Christ spricht: „Ich muss mit meinem jüngeren Bruder mein Hab und Gut teilen und ihm in allem dienstbar sein." Der Kommunist aber spricht: „Ja, du musst mit mir, deinem kleinen und armen Bruder, dein Eigentum teilen und musst mir dienen."

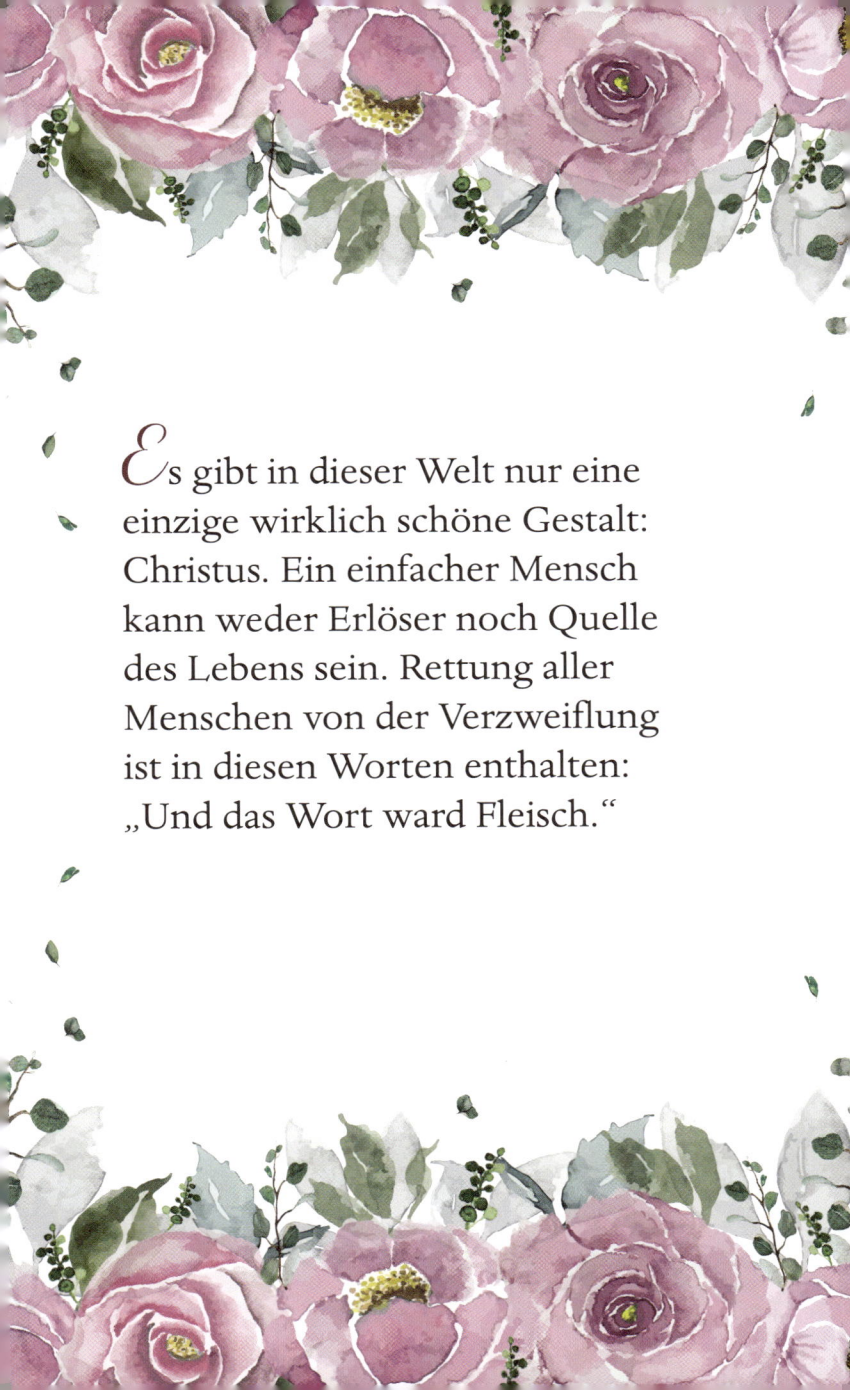

*E*s gibt in dieser Welt nur eine einzige wirklich schöne Gestalt: Christus. Ein einfacher Mensch kann weder Erlöser noch Quelle des Lebens sein. Rettung aller Menschen von der Verzweiflung ist in diesen Worten enthalten: „Und das Wort ward Fleisch."

*W*as wäre ich denn ohne Gott?

*S*o ist es auf Erden: Jede Seele wird geprüft und wird auch getröstet.

*E*s gibt eine Kraft, die alles erträgt.

*M*an kann sich wohl in einer Idee
irren, man kann sich aber nicht mit
dem Herzen irren.

*I*m Realisten wird der Glaube nicht durch das Wunder hervorgerufen, sondern das Wunder durch den Glauben.

*I*ch sammelte alle meine Gefühle in meinem Gebet.

*E*in vollständiger Atheist
steht auf der vorletzten Stufe
zum vollständigsten Glauben.

*D*ie Menschheit kann nicht
ohne höhere Idee leben.

*B*evor ihr den Menschen predigt,
wie sie sein sollen, zeigt es ihnen
an euch selbst.

*G*ott ist nicht bei der Macht,
Er ist allein bei der Wahrheit.

Beten ist gut, es macht das Herz froh.

Gott ist für mich schon deshalb
unentbehrlich, weil er das einzige
Wesen ist, das man ewig lieben kann.

Gehen Sie geraden Weges,
ohne Kompromisse im Leben.

$\mathcal{M}$it Kindern
zusammen zu sein,
ist Balsam für die Seele.

*M*an wird euch vieles über eure Erziehung sagen, aber wisst, irgendeine herrliche, heilige Erinnerung, die man aus der Kindheit aufbewahrt, ist vielleicht die allerbeste Erziehung. Wenn der Mensch viele solcher Erinnerungen ins Leben mitnimmt, so ist er fürs ganze Leben gerettet.

4. Kapitel

Die Liebe ist eine gewaltige Kraft;

sie ist die einzige unüberwindliche Kraft dieser Welt.

$\mathcal{U}$m einen fremden Menschen richtig zu beurteilen, muss man sich ihm vorsichtig und schrittweise nähern, um nicht in Irrtümer und Vorurteile zu verfallen, die später schwer zu berichtigen und auszumerzen sind.

*E*rst wenn du jedes Ding lieben wirst, wird sich dir das Geheimnis Gottes in den Dingen offenbaren. Hat es sich dir aber einmal offenbart, dann wirst du es unablässig immer weiter und immer mehr Tag für Tag erkennen.

Ein einziges Wort, gesprochen mit Überzeugung in voller Aufrichtigkeit und ohne zu schwanken während man Auge in Auge einander gegenüber steht, sagt bei weitem mehr als einige Dutzend Bogen beschriebenes Papier.

*E*s gibt Frauen, die geborene
barmherzige Schwestern sind.
Vor ihnen braucht man nichts
zu verschweigen, wenigstens nichts,
was in der Seele krank oder wund ist.

*L*iebevolle Demut ist eine gewaltige Macht, die stärkste von allen, und es gibt keine andere, die ihr gleichkäme.

*W*enn du willst, dass man dich achte, so achte vor allem dich selbst; nur dadurch, nur durch Selbstachtung, zwingst du auch andere, dich zu achten.

*D*ie dienende Liebe ist
eine ungeheure Kraft.
Sie ist die allergrößte Kraft,
und ihresgleichen gibt es nicht.

Man muss nachsichtig sein,
und vieles, vieles kann man
dann verzeihen.

*N*ächstenliebe, Freundlichkeit,
brüderliches Mitleid mit dem Leidenden
ist für diesen oft viel notwendiger
als alle Arzneien.

*E*ntscheide dich stets für die Liebe!
Wenn du dich ein für allemal
dazu entschlossen hast, wirst du
die ganze Welt bezwingen.

*A*uf der Welt gibt es nur deshalb
Liebe, weil die Menschen
an die Unsterblichkeit glauben.
Mit dem Aufhören des Glaubens
würde die Liebe vernichtet werden.

*E*s ist nicht der Verstand,
auf den es ankommt,
sondern auf das, was ihn leitet:
Herz und Charakter.

Einen Menschen lieben heißt,
ihn so sehen, wie Gott ihn gemeint hat.

Ein Kind zu retten bedeutet,
die Welt zu retten.

*W*o es keine Liebe gibt,
dort gibt es auch keinen Verstand.

*W*er die Menschen liebt,
liebt auch ihre Freuden.

Fjodor M. Dostojewski

Der Mystiker

Fjodor Michailowitsch Dostojewski wurde am 11. November 1821 in Moskau geboren. Nach dem Tod der Mutter übersiedelte die Familie nach St. Petersburg. Dort studierte er von 1838 bis 1843 an der Militärakademie. Sein erster Roman „Arme Leute", durch den er auch als Autor bekannt wurde, erschien 1848. 1849 wurde er wegen angeblich staatsfeindlicher Propaganda verhaftet und zum Tode verurteilt. Dank einer Begnadigung durch Zar Nikolaus I. auf dem Richtplatz entging er dem Tod und wurde zu Verbannung und Zwangsarbeit in Sibirien verurteilt. Aufgrund seiner Erfahrungen im Arbeitslager schrieb er seine berühmten „Aufzeichnungen aus einem Totenhaus". 1856 ging Dostojewski wieder in den Militärdienst und wurde Offizier. Aus gesundheitlichen Gründen musste er jedoch schon 1859 die Armee verlassen, kehrte nach St. Petersburg zurück und wurde wieder schriftstellerisch tätig. Zu Dostojewskis großen Romanen zählen: „Der Spieler", „Die Dämonen" und „Die Brüder Karamasow". Gemeinsam mit seinem Bruder veröffentlichte er ab dem Jahr 1861 die Zeitschrift „Die Zeit". 1866 erschien sein Hauptwerk „Schuld und Sühne". Er starb 1881 in St. Petersburg. An seiner Trauerfeier nahmen über 60.000 Gäste teil.